經典
少年遊

001

左傳
春秋時代的歷史

The Chronicle of Tso
The History of the Spring and Autumn Period

繪本

故事◎林安德
繪圖◎柳俏

中國歷史，精采而迷人。
在春秋時代國家與國家間的抗衡，
造就了許多經典的故事。

忠實將春秋時期諸侯爭霸，
說客展現智謀的事蹟，
生動記載下來的一本書，
就是《左傳》。

3

4

在春秋時代強大的諸侯國當中，
晉國是較早崛起的霸主，
國力相當強盛。
因此，晉國周圍的小國，
都不敢得罪晉國。
可是虢國卻不怕晉國，
一年之內大膽的侵犯
晉國的領土兩次。
這讓晉獻公十分不高興。

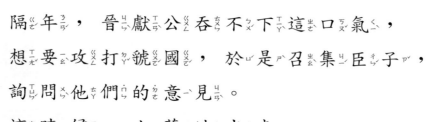

隔年，晉獻公吞不下這口氣，
想要攻打虢國，於是召集臣子，
詢問他們的意見。
這時候，士蔿站出來，
誠懇的進諫：
「大王，萬萬不可攻打虢國。」

「虢國的君王若僥倖小勝晉國，
就會不顧百姓而繼續作戰。
戰爭讓百姓傷亡慘重，
虢國百姓將不願參戰。
在百姓不抵抗時我們強攻，
會顯得晉國沒有仁義。
請再等待時機攻打虢國吧！」
士蔿如此分析。

之後有神明降臨在虢國的莘地，
並答應要賜領土給虢公。
史官囂知道後說：
「因為體恤百姓， 國家才興起；
國家若要滅亡， 神明將會降下旨意。
今天虢國做了許多不道德的事，
卻有神明賞賜， 這是災禍的前兆，
虢國將會滅亡！」

11

兩年後，虢國戰勝犬戎，
擴張領土。
對照之前史官囂的說法，
虢國的大臣舟之僑
也認為虢國災禍將至，
於是投奔晉國。
晉獻公認為時機已到，
可以攻打虢國了。

虢國的鄰國是虞國。

虞公是個貪心的人，

曾經向自己的弟弟虞叔索取寶玉。

虞叔後來勉為其難的將美玉送給虞公。

虞公得到美玉之後，

又再向虞叔索取他的寶劍。

這次，虞叔生氣了，出兵攻打虞公。

荀息觀察到虞公貪婪的心理，
便向晉獻公建議
以晉國出產的寶玉、良馬，
賄賂虞公，
讓虞公願意借道路給晉國，
這樣晉國的軍隊
就可以不用繞路，
直接穿越虞國去攻打虢國。

晉獻公告訴荀息：
「可是這些寶玉、良馬
都是我的寶貝，我捨不得。」
荀息建言說：
「如果虞國願意借路給我們，
送給他們的寶玉、良馬
其實就像是暫時放在
皇宮之外的庫房而已。」

19

晉獻公又說：「但是虞公身旁還有聰明的宮之奇，這麼做，會被他識破吧？」荀息再次勸說：「以宮之奇的個性是無法堅決進諫的，加上虞公和宮之奇從小就認識，太熟太親暱，反而容易忽略宮之奇的勸諫。」

晉獻公被荀息說服了，
於是派遣荀息去見虞公。
雖然宮之奇曾警告虞公，
借路給晉國很危險，
但虞公聽不進去，
高興的接受了賄賂，
答應打開城門借路給晉國。

虞公更告訴晉國，
自己會先帶兵攻打虢國。
果然， 晉國和虞國集合軍隊，
合力攻打虢國， 取得了勝利，
並且攻占了虢國在下陽的領地。

三年過後，
晉獻公打算一舉滅亡虢國，
再一次向虞公提出
借路攻打虢國的請求。
宮之奇聽到消息，
急急忙忙的晉見虞公，
想要說服虞公
千萬不可以再借路給晉國。

宮之奇向虞公說：

「虞國和虢國的關係，
就像嘴唇和牙齒一樣缺一不可。
如果沒有嘴唇，
牙齒一定會感覺非常寒冷。
所以若虢國被晉國攻下，
虞國接著也會滅亡。
千萬不可再借路給晉國了。」

29

虞_{ㄩˊ}公_{ㄍㄨㄥ}不_{ㄅㄨˋ}聽_{ㄊㄧㄥ}勸_{ㄑㄩㄢˋ}，
反_{ㄈㄢˇ}駁_{ㄅㄛˊ}宮_{ㄍㄨㄥ}之_ㄓ奇_{ㄑㄧˊ}說_{ㄕㄨㄛ}：

「晉國是我的宗親，
怎麼想都不可能
會出兵攻打我們虞國。
不用擔心。」

31

「晉國的桓叔、莊伯，
過去都被晉國宗親殺害。
國內同宗的親戚都被殺死了，
這證明了只要威脅到國君，
就算近親都會被消滅，
更何況虞國算起來
還只是晉國的遠親呢！」
宮之奇打算點醒虞公。

虞公卻又辯解：

「不會的，　每次祭祀上天，

我獻上的祭品豐盛隆重，　又乾淨衛生，

神明必定會保佑我國運昌隆。」

最後虞公堅持借路給晉國。
宮之奇知道虞國一定會被晉國吞滅，
便失望的離開虞國。

那一年的冬天，

晉國因為有虞國借路，

快速的抵達並順利滅亡虢國。

晉軍回國的路上，

再次經過虞國，

藉口要在這裡休息，

卻指揮軍士突襲。

虞國不但被滅亡了，

連虞公都成為晉國的俘虜。

其實，並不是因為晉國強大，
才讓虞國和虢國滅亡。
這完全是因為虞公的貪念啊！
如果虞公堅持不借路給晉國，
且虞國和虢國又能互相幫助，
晉國又怎麼能得逞呢？

《左傳》，

就是如此記載下

春秋時代形形色色的國君和臣子。

不論是像荀息這樣口才流利的說客，

或是像宮之奇

這麼有遠見卻不被接納的臣子，

他們和晉獻公、虞公等等國君的對話，

都讓《左傳》充滿一篇又一篇精采的故事。

左傳

春秋時代的歷史

讀本

原典解説 ◎ 林安德

《左傳》是文字優美的史書，代表先秦史學的最高成就，受到無數文人的推崇。到底與《左傳》相關的人物有誰呢？

據説左丘明（公元前 556～前 451 年）是《左傳》的作者，然而至今沒有定論。左丘明的生平不可考，有人説他跟孔子同時；也有人説他是孔子的弟子。又有人認為，「左」是「左史」（史官）的意思，其實左丘明是姓丘名明。

TOP PHOTO

左丘明

相關的人物

河間獻王

孔子

孔子是春秋末期著名的思想家、教育家。據説，孔子晚年眼見世道越來越敗壞，於是根據魯國的歷史，寫作《春秋》這本書，褒貶天子、諸侯和士大夫，發揚倫理思想。後來左丘明就根據《春秋》，寫了一部説明各章內容的書，叫做《春秋左氏傳》，後人簡稱《左傳》。

河間獻王劉德是西漢景帝的第三子。西漢初年，《左傳》已經在民間流行。其中河間獻王還設立了《左氏春秋》博士，專門講授《左傳》。當時研究過《左傳》的名人還有張蒼、賈誼、張敞等，甚至出現了《左傳》的章句。

由於《左傳》的戰爭場面寫得特別好，因此有人認為作者其實是戰國的軍事家吳起。吳起是戰國時人，又是衛國「左氏人」，無論年代和地域都很相符。清朝的姚鼐、章炳麟已提出此說，現代學者如郭沫若、童書業、錢穆等也贊同。

吳起

劉歆，字子駿，西漢後期的大經學家。他從小受到父親劉向的影響，飽讀群書。後來跟隨父親膳校秘府的書籍，發現了《左傳》，非常喜愛，想要將之立於學官。群臣置之不理，劉歆寫了〈移書讓太常博士〉痛斥他們，結果被貶官。

劉歆

杜預，字元凱，西晉時期著名的政治家、軍事家和經學家，滅吳統一戰爭的統帥之一。杜預雖然身為統帥，卻不擅長騎馬射箭，運籌帷幄才是他的專長。杜預自稱有「《左傳》癖」，著有《春秋左氏經傳集解》。

杜預

孔穎達

孔穎達（右圖），字沖遠，是孔子三十二代孫，唐朝經學家。由於唐朝舉辦科舉考試，需要一套統一的經學本子，給讀書人考試參考用，於是唐太宗命孔穎達帶領文臣編纂《五經正義》，整理校定《春秋》等五部儒家經書的註解。

《左傳》在歷史上，有著非常傳奇而曲折的發展。

公元前 722 ～前 464 年

《左傳》記述的歷史，從魯隱公元年（公元前 722 年）開始，一直到魯悼公四年（前 464 年），前後長達 259 年。跟一般認知的「春秋時代」（公元前 770 年～前 476 年）大致相當。下圖為明刊本《左傳》，中國國家博物館古代中國陳列展展示。

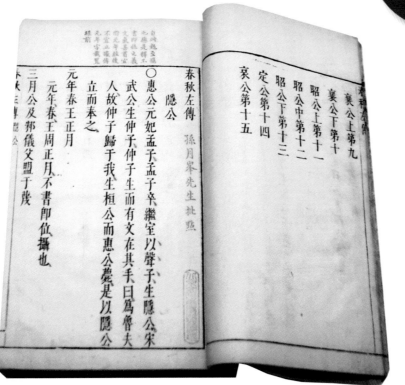

TOP PHOTO

《左傳》

相關的時間

左丘明

約公元前 556 ～前 451 年

左丘明生平不可考。據說與孔子同時代。孔子曾說：「巧言令色、過分恭敬，心裡明明討厭一個人、卻假裝跟他做朋友，左丘明覺得可恥，我也覺得可恥。」把左丘明列在自己前面，可見他很可能是孔子的長輩。

孔壁出書

TOP PHOTO

約公元前 154 年

漢景帝末年，有一位藩王叫魯恭王，拆毀了孔子以前住的地方來擴建他的宮室，居然在倒下的牆壁中發現了用古文字寫的很多經典，其中包含《春秋左氏傳》。孔子的後代孔安國用當時的文字重寫，在漢武帝時獻給了朝廷。左圖為明朝所立的曲阜孔廟壁石碑。

發現左傳

約公元前 28 年

因為漢武帝時發生了「巫蠱之禍」的宮廷之亂，所以《左傳》被存放在秘府中。後來，劉歆與他父親劉向奉命去謄校秘府藏書，發現了《左傳》，大為驚喜。漢哀帝即位時，劉歆建議將《左傳》立於學官，但遭到群臣反對。

立學官

3 年

漢平帝時，王莽權勢很大，他一直非常欣賞劉歆，自己也學習《左傳》。他掌權之後，馬上採用劉歆的主張，《左傳》終於立於學官。後來王莽篡位，建立新朝，《左傳》的地位就更顯赫了。

入五經

春秋學

約 1022 年

宋朝的時候，關於《春秋》的著作最多，居群經之首。宋朝之所以這麼看重《春秋》，無非是要藉《春秋》來伸張「尊王攘夷」、「大一統」、「王霸義利」的思想。其中《左傳》最受儒者的重視。

約 642 年

唐朝時，唐太宗下令孔穎達帶領一群編輯團隊，編纂《五經正義》。孔穎達先在眾多的經書章句中，選擇一本優秀的註本作為定本，《春秋》的註本就選擇了《左傳》。從此「五經」（易、詩、書、禮、春秋）的《春秋》，就是指《左傳》。

記錄了春秋時代重要的歷史，《左傳》與哪些事物有關呢？

《左傳》是中國現存第一部編年體史書，即按照年代，敘述每一年的重要事蹟。先按國君的順序分為：隱公、桓公、莊公、閔公等十位，再按照年、月，以魯國為主，敘述魯國的時事以及各國的歷史。

古時候的人，把聖人著作的書稱為「經」，後人根據這部經的條文，所撰寫的說明和補充的文章，叫「傳」。《春秋》是經，左丘明為《春秋》補充解釋所寫的書，就是「傳」，因此稱為《春秋左氏傳》。

經傳關係

體例

春秋之名

相關的事物

TOP PHOTO

《春秋》原本泛指春秋時代各國編年歷史，也是魯國史書的專名。其他國的史書如晉國史書叫《乘》，楚國史書叫《檮杌》等。後來孔子重新編寫《春秋》，這個名字就成為孔子這本書的專名。左圖為《春秋經傳昭五第二十四》二號碑文，陝西西安碑林博物館藏。

《左傳》與《公羊傳》、《穀梁傳》合稱「春秋三傳」。《公羊傳》與《穀梁傳》也像《左傳》一樣，是說明《春秋》的著作，不過內容不同。《公羊傳》講很多災異的事情，《穀梁傳》則風格比較平實。

春秋三傳

成語

成語是中文裡特有的一種語言形式，是用一個固定的短語，表達一個固定的語意，而背後經常帶有一些歷史典故或哲學意義。《左傳》除了是史書，也是一部文辭非常優美的文學作品，和《史記》一樣受到後人的推崇。《左傳》當中有很多詞句，後來成為我們熟悉的成語，如：退避三舍、言歸於好、外強中乾、一鼓作氣、居安思危等等。

古文經

由於秦朝燒掉了所有的儒家古書，漢朝時人們將它們重新背出來，用當時的文字寫下，稱為「今文經」。後來又陸續在各地挖掘出古書，是用戰國的文字寫的，稱為「古文經」。《左傳》屬於古文經。

廣政石經

TOP PHOTO

後蜀孟昶廣政時期，他的宰相毋昭裔出資，將儒家包含《左傳》的十部經書，連同註文，刊刻在石上，歷時八年完工，稱為《廣政石經》。據說石經有千餘座，屹立於後蜀京城成都。

《左傳》記載了春秋時代的歷史，以下是參與這一段歷史的主要國家。

TOP PHOTO

魯國相當於現在中國山東省一帶。《左傳》以講述魯國歷史為基礎，衍伸到其他國家的歷史。魯隱公時期，魯國是強國，後來政權被季孫氏、叔孫氏、孟孫氏三家掌控，又受到各方強國的欺壓，越來越衰落。上圖為魯國故城城牆遺址，位於山東曲阜。

魯

相關的地方

晉

鄭

晉國的領土大約是山西省南部。《左傳》記載晉文公重耳被迫逃亡，在旅途中受盡苦難與屈辱，最後靠著一群忠貞的臣子終於重回晉國奪位、稱霸諸侯的故事。之後晉國分裂為韓國、趙國、魏國，也結束了春秋時代。

鄭國領土範圍介於陝西到河南一帶，在春秋時代早期是個強國，《左傳》的第一篇故事，就是記載鄭莊公平定弟弟叛亂的故事。有一次周天子不滿鄭莊公的跋扈，發軍親征，結果被鄭國的軍隊射中了他的肩膀，差點被抓。鄭莊公死後，鄭國隨即衰弱。

2009 年，由浙大校友出資，一批被盜賣至海外的戰國楚簡購回，並藏入浙大考古與藝術博物館。經過兩年多的整理和考釋，出版了《浙江大學藏戰國楚簡》。這是自從兩千多年前孔壁出書以來，第一次發現《左傳》出土文獻。

浙大考古
與
藝術博物館

虞、虢

魯壁

TOP PHOTO

「脣亡齒寒」、「脣齒相依」、「假道滅虢」等成語，來自《左傳》裡，虞國借道給晉國滅掉虢國，自己反遭滅國的故事。虞國位於中國山西省平陸、夏縣一帶，虢國位於河南省三門峽市一帶。山西平陸的黃河溼地（上圖）為賞鳥勝地，每年深秋都會有成群天鵝到這裡棲息過冬。

在山東曲阜的孔廟，其原址是孔子的故居。漢武帝時，魯恭王破壞孔子舊宅，《左傳》出土。今日孔廟東路有一道孤牆，前面的石碑上寫著「魯壁」二字，就是出書的所在。

虞公

玩物喪志，貪圖逸樂，下場往往都淒慘不堪。雖然從古至今都有許多例子可供借鏡，但每個朝代，總還是會出現一些耽溺於個人喜好而導致亡國的君主。專門記載春秋事蹟的《左傳》中，虞公便是如此一號代表人物。

對於寶物的喜好，虞公從來都沒停止過。一開始，是對自己的親戚提出要求。

虞公的兄弟 — 虞叔，擁有一塊美玉，虞公看到了非常喜歡，於是他向虞叔要求，希望可以將美玉送給他。起初虞叔當然不願意，可是在當時周朝有句俗諺：「匹夫無罪，懷璧其罪。」意思是說，原本一位沒有犯錯的人，因為擁有美玉反而獲罪。俗語把結果說得直接，事實上卻是婉轉的表達：假使你已擁有許多寶物，卻不肯與別人分享，就容易招致其他人的覬覦甚至是忌

虞叔有玉，虞公求旃。……乃獻之。又求其寶劍，叔曰：「是無厭也，無厭將及我。」遂伐虞公。

——《左傳‧桓公十年》

妒，甚至會遭受陷害。就算你原本無愧於心，卻也因著這些寶物，反而損失更多重要的事物。當虞叔想通之後，就轉念答應虞公，將寶玉送給他。

照理來說，虞公得到寶玉後，應該要知足，更應該感謝虞叔的割愛。可是虞公貪心不足蛇吞象，得寸進尺的想再取得虞叔的寶劍。

退讓一次，是為了避免親族紛爭，是為了表現出自己願意分享。但是一直接受虞公無法滿足的欲求，不僅是一種縱容，更會讓旁觀者認為虞叔是一位好欺負的人。看清虞公貪得無厭的本性後，虞叔也意識到繼續接受虞公的要求將會危害到自己。因此虞叔不但沒有答應虞公的要求，更出兵討伐虞公。虞公很快地就被虞叔打敗，一路逃亡到共池這個地方。

這個事件過後，虞公應該是要記取教訓了。可是，江山易改，本性難移。幾年之後，虞公依舊因為貪戀寶物，犯下更大的錯誤。

虞公許之，且請先伐虢。 ——《左傳·僖公二年》

　　一心想要討伐虢國的晉獻公，接納臣子荀息的建議，以晉國國內的良馬和美玉賄賂虞公，請虞公「借路」給晉國攻打虢國。

　　照常理來說，是不可能也不應該大開國家內部的重要道路，讓其他國家經過。仔細想想，這是多麼令人頭皮發麻的事！一萬、兩萬甚至更多的士兵，經過毫無防備的都市，若存心要攻佔下來，根本是不費吹灰之力的事情。更何況，此時諸侯握有龐大兵權，各懷鬼胎的混亂局勢下，這基本的防備之心絕對不可或缺。

　　結果呢？虞公卻因為貪心而蒙蔽了雙眼、喪失了理性判斷能力，終於招致大禍降臨。

　　為了得到晉國的良馬和美玉，虞公接受了晉國的提議，開門借路給晉國的大軍。即使朝廷內有臣子宮之奇不斷上諫，仍舊無法喚醒虞公的理智，改變虞公的決定。更誇張的是，不知道是為了要表現會對晉國信守承諾，還是要「回報」晉國的誠意，虞公竟然「加

碼」答應晉國，自願當晉國的前鋒，替晉國先去攻打虢國。

　　放著國家的安危不管，無視晉國的野心，更開開心心的作晉國的第一道擋箭牌，就只為了眼前晉國所給的良馬和寶玉。雖然第一次晉國並沒有趁機滅掉虞國，但也只是因為尚未完全攻打下虢國。可是虞公卻因為這樣，更加相信晉國，完全不提防晉國會圖謀不軌。

　　所以，後來當虢國被晉國滅亡時，晉國軍隊在回國的途中，假藉要在虞國休息，卻發動突擊，併吞虞國，虞公甚至成為階下囚。這一切的結果，都只能怪虞公咎由自取。

　　其實，《左傳》中因為接受賄賂而敗亡的例子不只有虞公，吳王夫差也是一例。因為接受勾踐的賄賂，留勾踐一命，才讓勾踐有復國的機會。只能說，「貪念」和「欲望」，真是致命啊！

宮之奇

　　每個國家，總是會有忠貞聰慧的人物，也正因為這些人，更加凸顯出不聽勸諫的君主有多麼的愚昧可笑。

　　宮之奇，就是虞國中突顯虞公昏庸的代表人物。在虞公第一次接受晉國賄賂同意借道，更自告奮勇為晉國率先攻打虢國前，宮之奇便曾向虞公提出建言，不可相信晉國並且極力勸阻虞公借路給晉國。後來虞公收到了良馬寶玉，晉國也沒有趁機攻打虞國，這項建議當然就被虞公拋在腦後，完全沒放在心上。

　　但是當晉國第二次要借道時，宮之奇當然更加警戒，也積極的向虞公分析：「虞國和虢國緊緊相鄰，兩國的安危是不可分割的。虢國，就像虞國表面的防線，如果虢國被攻打下來，虞國一定也會跟著滅亡。」

　　接著，宮之奇從晉國的野心加以分析：「晉國的野心大家都看得見。讓晉國軍隊輕鬆的走入國內，是不能夠忽視的危機。上一次

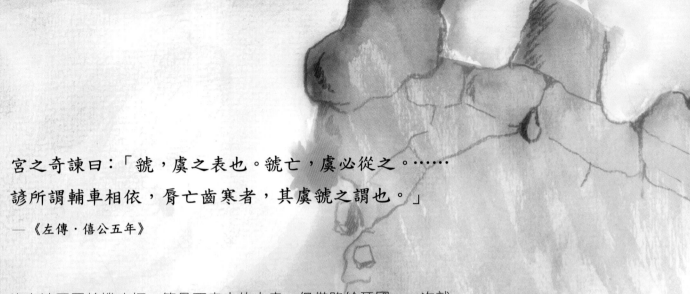

宮之奇諫曰：「虢，虞之表也。虢亡，虞必從之。……
諺所謂輔車相依，脣亡齒寒者，其虞虢之謂也。」

——《左傳·僖公五年》

沒有被晉國趁機攻打，算是不幸中的大幸。但借路給晉國，一次就
是極限了，萬萬不可以再借第二次。」

　　最後，宮之奇再次強調虞國和虢國之間的重要關連：「車身兩
側的夾木，是為了保護車子，因此和車緊密結合。嘴脣的存在也是
為了讓牙齒不受寒冷，沒有嘴脣，牙齒怎能不受寒冷侵襲？而虞國
和虢國的關係，就是像車旁夾木和車子本身，也像嘴脣和牙齒如此
缺一不可，彼此守護。」

　　脣亡齒寒這一個成語典故，其實就是從這件事所發展出來的。
《左傳》包含了不少成語的典故，這也是其特色之一。但宮之奇的
睿智，不只在於提供了脣亡齒寒的成語，而是可貴在他能洞燭機先，
察覺晉國的不良企圖。

　　可惜的是，虞公白白浪費宮之奇的睿智，沒有聽進宮之奇的建
言，果然在晉國第二次借道攻打消滅虢國後，也順道被晉國給消滅。

公曰：「吾享祀豐潔，神必據我。」……「皇天無親，惟德是輔。」——《左傳・僖公五年》

　　在宮之奇極力勸諫之後，虞公非但沒有聽取建議，反而一再反駁宮之奇。首先，虞公認為晉國是虞國宗族國，兩國互有親戚關係，不會彼此侵犯。宮之奇據理力爭：「虢仲、虢叔，當過周王身旁的重要官員，也是周朝的親屬，對周王室有過極大的功勞，受勛的記錄還藏在保存盟約的地方。虢國對周朝有所貢獻，同樣身為親屬的晉國卻仍準備滅掉虢國，更何況對虞國，又有什麼好愛惜的？況且虞國能比身為晉國諸侯的桓叔、莊伯，更加親近於晉國嗎？如果晉國懂得愛惜桓叔、莊伯，那麼這兩個家族犯了什麼樣罪過，讓他們必須遭到殺戮？其實就只是因為桓叔、莊伯威脅到當時晉國國君的權力地位。桓叔、莊伯過去受寵愛，一旦威脅到晉國公室，就不停和晉國彼此交戰，最後被晉國所滅。何況是只有遠親關係的虞國呢？晉國若要消滅虞國，是絕對不會手軟的。」

可是虞公依舊執迷不悟，以祭祀的祭品豐盛又清潔作為藉口，相信神明必定會保佑虞國國泰民安。

這更加不能說服宮之奇，宮之奇繼續釐清虞公的迷思：「鬼神並不是親近某一個人，而是只保佑有德性的人。所以《周書》說：上天沒有特別的私心，只愛護某些君主，上天只對有德性的人才加以幫助。同時記載說：祭祀用的黍稷雖然芳香，但是真正的香氣是從祭祀者的美德所散發出來。另外，也曾說：百姓不能變更祭祀的物品，只有德性才可以充當祭祀的物品。這樣看來，沒有道德，百姓彼此無法和睦相處，神明也就不來享用祭物了。換句話說，神明所憑依的，就在於德性是否良好。神明所保佑的，也不是祭品而是德性。」

宮之奇一層接著一層的分析給虞公聽，說得十分淺顯易懂。如果虞公能夠接納宮之奇的建言，或許虞國和虢國就不會被晉國併吞了吧！但是最終虞公仍然沒有聽進宮之奇的建言，拒絕宮之奇的勸戒，導致宮之奇心灰意冷的放棄了虞公和虞國。而最後虞國滅亡也印證了宮之奇當初的勸告不假。

荀息

一個霸權的建立，除了有明君出現之外，國內有良臣謀士，自然也是必要條件。而荀息，正是當時晉國國內代表性的賢士。

虢國曾經攻打過外族犬戎，獲得重大的勝利。但是虢國臣子舟之僑認為虢公多行不義，卻能得勝，更受到周王室的賞賜，將是災禍的前兆。因擔心受到牽連，便逃亡到晉國。這當然給了晉獻公出兵攻打虢國的好藉口，對內可以宣稱時機成熟，對外表示虢公無道，連虢國的臣子舟之僑都已出奔晉國。但是，虢國和晉國之間還隔著一個虞國，出兵時要如何跨越虞國，就成為另一個問題。

正當晉獻公想不出方法而煩惱時，荀息馬上對晉獻公提出計策。「晉國國內的屈地，專門出產良馬，而國內的垂棘，出產美好的璧玉。虞公是個貪戀寶物的人，如果我們用這兩樣寶物賄賂虞公，他一定會願意打開城門，出借虞國的道路讓晉國軍隊通行。這樣我們就不用繞道去攻打虢國了。」晉獻公有些捨不得寶物，認為送出

晉荀息請以屈產之乘，與垂棘之璧，假道於虞以伐
虢。公曰：「是吾寶也。」對曰：「若得道於虞，猶
外府也。」──《左傳‧僖公二年》

去的寶物收不回來，非常可惜。荀息繼續說：「到時候
成功借到路，滅掉了虢國，回程經過虞國時，再順便把
它攻打下來，那麼那些寶物就等於是暫時放在虞國。虞
國，就像是晉國在國外的一個寶物庫房而已。」「但是
宮之奇還在虞國，必定會識破你的計策。」晉獻公又提
出另一個問題。但是荀息非常了解宮之奇和虞公的個
性，他說：「宮之奇的個性不夠堅決，虞公和宮之奇是
從小一起長大的玩伴，太過於熟悉，反而聽不進宮之奇
的勸戒，並且容易忽略。一旦宮之奇放棄持續對
虞公進諫，再派人去說服動搖虞公的貪念，相信
宮之奇無法改變虞公的決定。」

　　於是，晉獻公便派遣荀息帶著寶物，前
往虞國當說客。

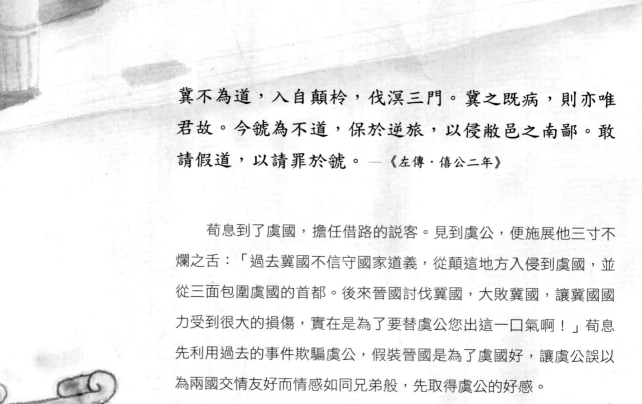

冀不為道，入自顛枱，伐鄍三門。冀之既病，則亦唯君故。今虢為不道，保於逆旅，以侵敝邑之南鄙。敢請假道，以請罪於虢。 ——《左傳・僖公二年》

　　荀息到了虞國，擔任借路的說客。見到虞公，便施展他三寸不爛之舌：「過去冀國不信守國家道義，從顛這地方入侵到虞國，並從三面包圍虞國的首都。後來晉國討伐冀國，大敗冀國，讓冀國國力受到很大的損傷，實在是為了要替虞公您出這一口氣啊！」荀息先利用過去的事件欺騙虞公，假裝晉國是為了虞國好，讓虞公誤以為兩國交情友好而情感如同兄弟般，先取得虞公的好感。

　　「而現在虢國一樣不講道義，自行建築堡壘對抗晉國，更數次攻打晉國南邊的國土，背棄原本晉國和虢國兩國之間的互信互重。」取得好感之後，荀息再動之以情，將晉國塑造成長久以來遭受欺負，不得不還手的角色，而虞公也願者上鉤，越來越認同晉國的作法。

　　「所以我代表晉國，冒昧的向虞公您請求，將虞國城門打開，把道路借給晉國的軍隊，讓晉軍可以順利的討伐虢國。如果您願意，

晉國的良馬和寶玉，將會雙手奉上當作送給虞國的謝禮。」這是荀息的最後一步，用寶物利誘虞公。荀息先拉攏關係，再動之以情，最後誘之以利，十分成功的完成向虞國借道的任務。

　　晉國成功借道一次之後，又用相同的條件，和虞國預約第二次的借道。虞公果然再次答應，完全無視宮之奇的建言，也應驗了荀息的判斷。最後的結果，讓晉國不僅攻下虢國，也拿下虞國。

　　能言善道的說客如荀息，對國際之間關係的影響，就是如此巨大。《左傳》中，到處充滿著像荀息一樣有影響力的說客。往後晉國聯合秦國攻打鄭國時，鄭國的燭之武也是發揮說客之長才，分析晉國的野心來說服秦國，反而讓秦國和鄭國結盟，逼退晉國。《左傳》正因為如此紀錄國與國之間的爾虞我詐，而精彩動人。

晉獻公

説客、謀士、昏君、野心家，這四種角色，構築起《左傳》一篇又一篇精采曲折的故事。而晉獻公，十足是野心家的代表人物。

除了在宮之奇對虞公勸戒時，曾經提出晉國歷代君主都十分具有野心，以過去晉國國君消滅同為晉國諸侯的桓叔、莊伯為例，來呈現晉國亟欲握有大權之外，晉獻公本身在《左傳》裡，也是一個野心勃勃的君主，不斷想要擴張晉國版圖。在晉國滅掉虞國、虢國之前，晉獻公早有侵略他國的前科紀錄。

晉獻公即位不久，便急著想要擴張領土。他在晉國國內建立出兩支軍隊，加以訓練。晉獻公自己統率上軍，太子申生率領下軍。臣子趙夙為晉獻公駕駛戰車，畢萬則是隨侍在晉獻公車旁的武士。軍隊浩浩蕩蕩的出發，滅掉了耿國、霍國和魏國。

晉侯作二軍，公將上軍，太子申生將下軍，趙夙御戎，
畢萬為右，以滅耿，滅霍，滅魏。——《左傳·閔公元年》

　　耿國、霍國、魏國都是周朝統治下的小國，在《左傳》中並無
著墨，也沒紀錄顯示這些國家曾經對晉國無禮，或是曾經出兵侵犯
晉國的領土。而晉獻公攻打這三個小國，可以說是師出無名。

　　那麼，這三個小國是否因為出產稀有物品，或者是對晉國來說
有重要的軍事戰略地位，才導致晉獻公想要攻打下來？事實上，耿
國、霍國、魏國，既沒有稀有物品，也非軍事要地。所以，攻下這
三個小國所為何事？

　　以結果來看，晉獻公把耿國國土賞賜給趙夙當作領地，把魏國
國土賞賜給畢萬。這說明了晉獻公只是為了宣揚國威，擴張版圖才
發動這場戰爭，而戰勝之後，再把多出來的國土分封給功臣，如此
而已。

　　雖然這只是《左傳》中著墨不多的小事，卻能充分展現出晉獻
公的野心。

晉滅虢，虢公醜奔京師。師還，館於虞，遂襲虞滅之，執虞公。 ——《左傳‧僖公五年》

　　虢國發動第二次入侵晉國，對晉獻公而言，自然是一種對於晉國威權的挑戰。或許是因為前一次攻打耿國、霍國、魏國師出無名，減損了晉國仁義的形象，晉獻公雖然想要立刻討伐虢國，國內的臣子士蒍卻以必須維持晉國的仁義優先，阻止了晉獻公攻打虢國。

　　晉獻公聽取士蒍的意見，暫緩攻打虢國。由此可見，晉獻公雖然有野心，但不至於被野心沖昏頭，他還是可以接受臣子建議，從個人私欲和國家利益中取得平衡點。除此之外，對荀息所獻上送良馬寶玉給虞國的計策，晉獻公一開始雖然不捨，但最後也接受荀息分析的結果，認同這項計謀不過是將良馬寶玉借放在虞國，並沒有損失，欣然讓荀息去執行。這又表現出晉獻公能夠為了未來的利益加以妥協，做出犧牲。

　　而這兩個特點，都是虞公所缺乏的人格特質。當荀息順利使虞

國答應再次借道，當宮之奇無法勸退虞公拒絕晉國的第二次借道，便是晉獻公野心得以成全的時刻。

晉獻公順利的滅掉虢國，虢國君主逃亡到京城，尋求周王室的政治庇護。晉獻公在軍隊返回晉國途中，藉口要在虞國稍作休息。虞公兩次借道都沒有受晉國趁機襲擊，因此毫無防備。虞國就這樣在大意之下被晉國的軍隊占領，虞國國君更成為晉國的俘虜。為了配合晉國討伐虢國，反而賠上了自己的國家和自己的身分地位，虞公的下場，遠比虢公來的悽慘。

晉滅虞虢，不過是再一次證明和重現晉獻公的野心。同時也再一次告訴我們，春秋時代，由說客、謀士、昏君、野心家這四種角色所架構出的《左傳》故事，不但引人入勝，也處處令人扼腕嘆息。

當左傳的朋友

　　這本史書好特別，把每個魯國國君從執政第一年到最後一年的事情，按照年分一條條記錄下來。看起來好零散，可是裡面竟然蘊藏了這麼多的故事，這本特殊的史書就是 ── 《左傳》！

　　雖然《左傳》記錄歷史的方式很特別，是採用一種稱為「編年體」的形式，但是其中的故事，可一點也不輸其他的史書。《左傳》所記錄的，就是以春秋時期魯國為主的歷史大事。雖然是以魯國為主，但是魯國與其他諸侯國之間有著頻繁的互動往來，於是從《左傳》當中，可以看到當時的國際情勢，也可以看到許多諸侯國之間明爭暗鬥的交鋒對決。而其中，最精采的，莫過於各個諸侯國君底下所養的食客與大臣們精采的鬥智與說話藝術。

　　有些諸侯國雖然國力比較弱，但是因為國內有非常出色的謀士與賢臣，能夠洞察機先，並提供國君適當的建議；而國君也能虛心接受這些建議，因此反而能逆轉劣勢，在眾多諸侯國中崛起稱霸一方。當然，也有一些原本就非常富強的諸侯國，因為長期安逸享樂，國君漸漸忘記治國的重要。即使有優秀的人才在底下協助治理、給予中肯的意見，但是無奈國君剛愎自用，完全不加理會，最後把整個國家送上滅亡一途。這樣的故事在《左傳》當中也是屢見不鮮。

　　那些能言謀士不管出於自己想升官或是為了國家，所提出的許多精采建言，豐富了《左傳》的內涵，也讓我們見識到古人的智慧與語言藝術。

　　如果有機會能和《左傳》當朋友，你不僅可以一窺這些古代君王的生活面貌；同時還能從其中學習到說話的技巧、說服的藝術，讓你有機會成為一個說話高手！

我是大導演

看完了左傳的故事之後，
現在換你當導演。
請利用紅圈裡面的主題（謀略），
參考白圈裡的例子（例如：說客），
發揮你的聯想力，
在剩下的三個白圈中填入相關的詞語，
並利用這些詞語畫出一幅圖。

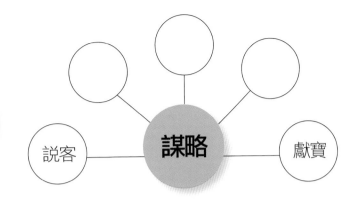

經典
少年遊

youth.classicsnow.net

◎ 少年是人生開始的階段。因此，少年也是人生最適合閱讀經典的時候。

因為，這個時候讀經典，可以為將來的人生旅程準備豐厚的資糧。

因為，這個時候讀經典，可以用輕鬆的心情探索其中壯麗的天地。

◎ 【經典少年遊】，每一種書，都包括兩個部分：「繪本」和「讀本」。

繪本在前，是感性的、圖像的，透過動人的故事，來描述這本經典最核心的精神。

小學低年級的孩子，自己就可以閱讀。

讀本在後，是理性的、文字的，透過對原典的分析與說明，讓讀者掌握這本經典最珍貴的知識。

小學生可以自己閱讀，或者，也適合由家長陪讀，提供輔助說明。

001 左傳　春秋時代的歷史
The Chronicle of Tso: The History of the Spring and Autumn Period
故事／林安德　原典解說／林安德　繪圖／柳俏

三公交會，引發了什麼樣的政治危機？兩個謀士互相鬥智，又造就了一段什麼樣的歷史故事？那是一個相互兼併與征伐的時代，同時也是個能言謀士輩出的時代。那些鬥爭與辯論，全都刻畫在《左傳》中。

002 史記　史家的絕唱
Records of the Grand Historian: The Pinnacle of Chinese Historiography
故事／林怡君　原典解說／林怡君　繪圖／袁靜

李廣「飛將軍」面對匈奴大軍毫無懼色，為漢朝立下許多戰功，卻未能獲得相稱的爵位，最後抱憾而終。從黃帝到漢武帝，不論是帝王將相、商賈名流，貫穿三千多年的歷史，《史記》成為千古傳頌的史家絕唱。

003 漢書　中原與四方的交流
Book of Han: Han Dynasty and its Neighbors
故事／王宇清　原典解說／王宇清　繪圖／李遠聰

張騫出使西域，不僅為漢朝捎來了塞外的消息，也傳遞了彼此的物產與文化，開拓一條史無前例的通道，成就一趟偉大的冒險。他的西域見聞，都記錄在《漢書》中，讓大家看見了草原與大漠，竟然是如此豐富美麗！

004 列女傳　儒家女性的代表
Kao-tsu of Han: The First Peasant Emperor
故事／林怡君　故事／林怡君　繪圖／楊小婷

她以身作則教孩子懂得禮法，這位偉大的母親就是魯季敬姜。不僅連孔子都多次讚譽她的美德，《列女傳》更記錄下她美好的德行，供後世永流傳。《列女傳》收集了中國歷代名女人的故事，呈現不同的女性風範。

005 後漢書　由盛轉衰的東漢
Book of Later Han: The Rise and Fall of Eastern Han
故事／王蕙瑄　原典解說／王蕙瑄　繪圖／李莎莎

《後漢書》記錄了東漢敗衰的過程：年幼的皇帝即位，而外戚掌握實權。等到皇帝長大了，便聯合身邊最信任的宦官，奪回權力。漢桓帝不相信身邊的大臣，卻事事聽從甜言蜜語的宦官，造成了嚴重的「黨錮之禍」。

006 三國志　三分天下始末
Record of the Three Kingdoms: The Beginning of the Three Kingdoms Period
故事／子魚　原典解說／子魚　繪圖／Summer

曹操崛起，一統天下的野心，卻在赤壁遭受挫折，僅能雄霸北方，留下三國鼎立的遺憾。江山流轉，近百年的分裂也終將結束，西晉一統三國，三國的分合，盡在《三國志》。

007 新五代史　享樂亂政的五代
New History of the Five Dynasties: The Age of Chaos and Extravagance
故事／呂淑敏　原典解說／呂淑敏　繪圖／王韶薇

李存勗驍勇善戰，建立後唐，史稱後唐莊宗。只是他上任後就完全懈怠，和伶官一唱戲作曲，過著逍遙生活。看歐陽修在《新五代史》中，如何重現後唐莊宗從勤奮到荒唐的過程。

008 資治通鑑　帝王的教科書
Comprehensive Mirror for Aid in Government: The Guidance for Emperors
故事／子魚　原典解說／子魚　繪圖／傅馨逸

唐太宗開啟了唐朝的黃金時期。從玄武門之變到貞觀之治，這條君王之路，悉數收錄在《資治通鑑》中。翻開《資治通鑑》，各朝各代的明君賢臣、良政苛政，皆蒐羅其中，成為帝王治世不可不讀的教科書。

◎ 【經典少年遊】，我們先出版一百種中國經典，共分八個主題系列：
　詩詞曲、思想與哲學、小說與故事、人物傳記、歷史、探險與地理、生活與素養、科技。
　每一個主題系列，都按時間順序來選擇代表性的經典書種。

◎ 每一個主題系列，我們都邀請相關的專家學者擔任編輯顧問，提供從選題到內容的建議與指導。
　我們希望：孩子讀完一個系列，可以掌握這個主題的完整體系。讀完八個不同主題的系列，
　可以不但對中國文化有多面向的認識，更可以體會跨界閱讀的樂趣，享受知識跨界激盪的樂趣。

◎ 如果說，歷史累積下來的經典形成了壯麗的山河，那麼【經典少年遊】就是希望我們每個人
　都趁著年少，探索四面八方，拓展眼界，體會山河之美，建構自己的知識體系。
　少年需要遊經典。
　經典需要少年遊。

009 蒙古秘史　統一蒙古的成吉思汗
The Secret History of the Mongols: The Emergence of Genghis Khan
故事／姜子安　原典解說／姜子安　繪圖／李菁菁

北方的草原，一望無際，游牧民族在這裡停留又離去。成吉思汗在這裡
出生成長，統一各部族，開創蒙古帝國。《蒙古秘史》說出了成吉思汗
的一生，也讓我們看到了這片草原上的故事。

010 臺灣通史　開闢臺灣的先民足跡
A General History of Taiwan: Footprints of the First Pioneers
故事／趙予彤　原典解說／趙予彤　繪圖／周庭萱

《臺灣通史》，記錄了原住民狩獵山林，還有荷蘭人傳教通商，當然還
有漢人開荒闢地的故事。鄭成功在臺灣建立堡壘，作為根據地。雖然他
反清復明的心願無法實現，卻讓許多人在這裡創造屬於自己家園。

經典。
少年遊

youth.classicsnow.net

001
左傳　春秋時代的歷史
The Chronicle of Tso
The History of the Spring and Autumn Period

編輯顧問（姓名筆劃序）

王安憶　王汎森　江曉原　李歐梵　郝譽翔　陳平原
張隆溪　張臨生　葉嘉瑩　葛兆光　葛劍雄　鄭培凱

故事：林安德
原典解說：林安德
繪圖：柳俏
人時事地：梁偉賢

編輯：張瑜珊 張瓊文 鄧芳喬
美術設計：張士勇
美術編輯：顏一立
校對：陳佩伶

企畫：網路與書股份有限公司
出版者：大塊文化出版股份有限公司
台北市10550南京東路四段25號11樓
www.locuspublishing.com
讀者服務專線：0800-006689
TEL：+886-2-87123898
FAX：+886-2-87123897
郵撥帳號：18955675
戶名：大塊文化出版股份有限公司
法律顧問：全理法律事務所董安丹律師

總經銷：大和書報圖書股份有限公司
地址：新北市新莊區五工五路2號
TEL：+886-2-8990-2588
FAX：+886-2-2290-1658
製版：沈氏藝術印刷股份有限公司

初版一刷：2013年4月
定價：新台幣299元